LA RUTA EMPRENDEDORA

EMPRENDEDORA

– EN 6 PREGUNTAS –

JAVIER J. HERNÁNDEZ ACOSTA

2021© Javier J. Hernández Acosta

Diseño e ilustración: Lina Naranjo

www.emprendimientocreativo.com
empresarismocreativo@gmail.com

San Juan, Puerto Rico

AUTOR: JAVIER J. HERNÁNDEZ ACOSTA

ILUSTRACIONES: LINA NARANJO

PRÓLOGO: ANUCHKA RAMOS RUIZ

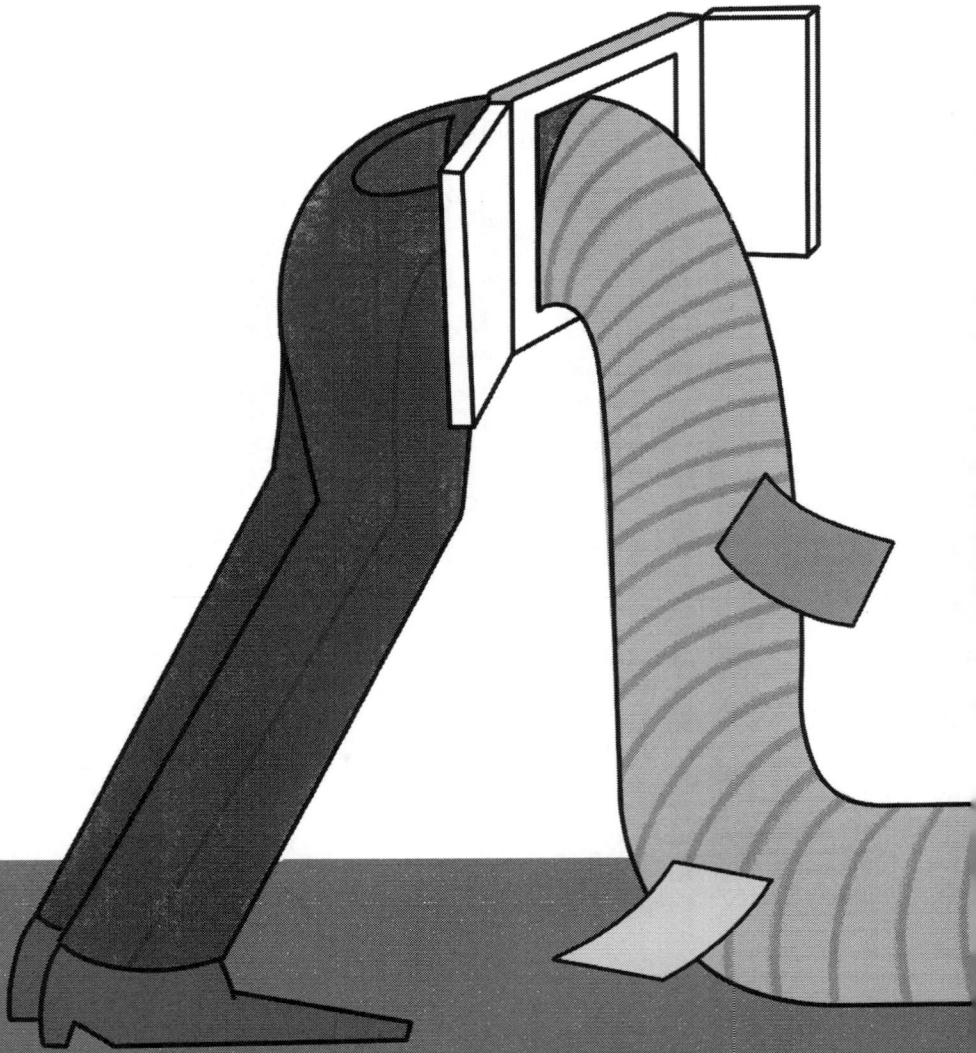

"Nos hace falta un Novum Organum de verdad, hay que abrir de par en par las ventanas y tirar todo a la calle, pero sobre todo hay que tirar también la ventana, y nosotros con ella. Es la muerte, o salir volando. Hay que hacerlo, de alguna manera hay que hacerlo. Tener el valor de entrar en mitad de las fiestas y poner sobre la cabeza de la relampagueante dueña de casa un hermoso sapo verde, regalo de la noche, y asistir sin horror a la venganza de los lacayos".

Julio Cortázar, Rayuela, Capítulo 147

A Javier Andrés, a Maia, a Malena
y a mis estudiantes.
A Nivia, por hacerlo todo posible...
y por el amor infinito.

CONTENIDO

¿POR QUÉ? 23

¿QUIÉN? 37

¿DÓNDE? 45

¿QUÉ?

51

¿CÓMO?

66

¿CUÁNDO?

73

PRÓLOGO | OTRAS MANERAS POSIBLES
Dra. Anuchka Ramos Ruiz

De pequeña soñaba con inventar una máquina que tradujera las ideas de la cabeza a la realidad. Como no pude inventar la máquina, me hice escritora. Descubrí que si encuentras o inventas la palabra exacta las ideas encuentran su camino a la realidad. Pero escribir es una de las tareas más intrincadas que pueda haber. Quizás su única ventaja ante la máquina que soñé es que escribir es un acto invariablemente humano. Dicho de otro modo, escribir es emprender. Pero esto lo supe muchos años después cuando escuché al Dr. Javier Hernández Acosta proponernos a un grupo de profesores lo que entonces me parecía absolutamente descabellado: "Todos tenemos que enseñar a nuestros estudiantes a emprender, o fracasaremos". Recuerdo claramente que en aquel momento, cansada de la espectacularización del tema, pensé: "Mejor que aprendan a escribir o a pensar".

Al finalizar la reunión de profesores me acerqué al doctor Hernández Acosta y le pregunté cómo podía enseñarle a un estudiante a emprender desde mis clases de Español o Literatura. "Todo emprendimiento empieza por la idea", me

respondió. Claro está, no me tuvo que decir lo implícito: no hay ideas sin el dominio de la lengua. Por más correctamente expresadas, tampoco hay ideas sin contexto, pertinencia y sentido.

Desde aquel día hace ya un par de años que resuenan en mí las palabras del Dr. Javier Hernández Acosta cada vez que me encuentro con un alumno y sus ideas escurridizas, desorganizadas, explosivas, pero cargadas de posibilidades. Aprendí que mi trabajo más relevante es ayudar a desvelar el misterio de aquellas ideas que a veces se posan en la punta de la lengua y no encuentran vuelo. De otro modo, mis clases serían un cementerio de ideas olvidadas o agónicas. Observar, pensar, cuestionar, responder, comunicar y emprender no son nunca acciones excluyentes. "Escribir es emprender, o fracasamos", les digo a mis estudiantes.

Emprender es también nombrar futuro y, como lo individual es siempre colectivo, cada vez que alguien emprende con un proyecto validado, sustentable y éticamente responsable la posibilidad de futuro se hace extensiva a su comunidad. Por esto, la gestión emprendedora no puede estar en las manos de unos pocos. Para alcanzar una transformación económica, social y comunitaria a través del emprendimiento necesitamos que más y más personas conozcan cómo emprender. Será además esta la vía para que se reconozcan, exijan y fomenten las condiciones clave y los accesos mínimos a capital, recursos, infraestructura y redes colaborativas para posibilitar el emprendimiento en cualquier país.

Desde el 1780, la palabra "emprendimiento" aparece definida en el Diccionario de la Real Academia de la Lengua Española como el acto de acometer un empeño con la dificultad que este encierra. Si bien los tipos de empeños pueden ser infinitos, con esta publicación el Dr. Javier Hernández Acosta nos recuerda que las dificultades mejor se atajan al comprender el significado y la aplicación de los conceptos y procesos de innovación, validación, manejo de datos, diseño estratégico y planificación, y ejecución organizada.

Casi como una máquina traductora de ideas, este libro captura los conceptos básicos que todo emprendedor o emprendedora debe conocer. Su publicación está antecedida por una prolífica obra crítica que el autor ha desarrollado sobre el campo del emprendimiento, en particular el emprendimiento cultural y creativo. Tal obra es el producto de un incansable proceso de investigación, que deriva en un asedio de reflexiones lideradas por el autor en foros diversos en torno a la urgencia de fortalecer la mentalidad emprendedora como vehículo de transformación económica, social y cultural. Precisamente a partir de esta urgencia nace este nuevo libro, cuyo propósito es hacer accesible el tema del emprendimiento. Al asumir su lectura, queda abierta la invitación a los lectores y las lectoras a asumir el reto de nombrar el futuro de otras maneras posibles.

Anuchka Ramos Ruiz
25 de octubre de 2020

LA RUTA EMPRENDEDORA

El emprendimiento vive su mejor momento. Ante un ambiente de agotamiento de los modelos de desarrollo económico y social que no parten del talento y experiencia local, los diversos sectores de la sociedad han izado la bandera del emprendimiento como una alternativa viable. La importancia de la mentalidad emprendedora comienza a ocupar un espacio central en la agenda de las universidades, entidades sin fines de lucro, la sociedad civil y hasta en el gobierno. Día tras día, hablamos de emprender ideas, proyectos artísticos, investigaciones, desarrollo comunitario, políticas públicas y empresas. Y haciendo honor al eje central del emprendimiento, que consiste en identificar oportunidades, es necesario que esa mentalidad se desarrolle en todos los niveles, comenzando por los jóvenes, cuyo perfil por naturaleza tiene mucho de autogestión y búsqueda de nuevas soluciones.

¿Por qué escribir un nuevo texto sobre emprendimiento? Una búsqueda de la palabra *entrepreneurship* en Amazon produce mas de 60,000 resultados. Hay alternativas para todos los niveles, países, etapas, industrias, etc. Yo mismo, hace algunos años, publiqué el libro *Emprendimiento Creativo* dirigido a los sectores de artes, cultura y creatividad. Sin embargo, la mayoría de estos recursos funcionan muy bien cuando el interés principal es la creación de una empresa, puesto que este ha sido el mayor enfoque que se da al tema de emprendimiento. Pero más allá, necesitamos poder tener esas primeras conversaciones sobre la actitud emprendedora y tener a la mano herramientas para entender cómo pasamos de una oportunidad identificada a la acción. Necesitamos lograr que ese cambio de mentalidad hacia la búsqueda de soluciones, más allá de ver los problemas, ocurra mucho más temprano en la vida de nuestros jóvenes.

Mi trabajo académico y de consultoría de los últimos años me ha llevado a una reflexión sobre el emprendimiento como una habilidad para la vida. Se trata de una actitud o mentalidad que una vez desarrollada permite a las personas poner énfasis en identificación de oportunidades para solucionar problemas. Esto, a su vez, se traduce en pensamiento creativo e innovador, en visión estratégica, organización y, finalmente, en cambio.

PENSAMIENTO CREATIVO + VISIÓN ESTRATÉGICA + ORGANIZACIÓN = CAMBIO

La afirmación sobre el emprendimiento como habilidad para la vida es un aspecto clave en este texto:

NO ESTAMOS HABLANDO DE CREAR EMPRESAS ÚNICAMENTE, HABLAMOS DE UN ESTILO DE VIDA, DE UNA MENTALIDAD Y ACTITUD DONDE LOS CIUDADANOS COMIENZAN, DE MANERA CONSTANTE, A VER OPORTUNIDADES DONDE TRADICIONALMENTE VEMOS RETOS Y PROBLEMAS.

En general, es un cambio de actitud para seguir cultivando a ese ciudadano que opera en un estado de inconformidad con las situaciones que lo rodean y que tiene la motivación constante para producir soluciones a los retos de su entorno. Sobre todo, esa actitud de vida comienza por el individuo, por la manera en que enfrentamos el día a día y por la forma en que nos relacionamos con nuestras comunidades inmediatas.

¿DE DÓNDE VIENE EL CONCEPTO?

El lenguaje es poderoso, pero creo que la construcción de nuevos discursos requiere enfrentarlo con valentía y consistencia. El emprendimiento tiene múltiples prejuicios, sobre todo cuando se relaciona con la actividad empresarial. Muchos de esos prejuicios están muy bien fundamentados por las múltiples experiencias de falta de sustentabilidad y de orientación hacia el bien común que han afectado la calidad de vida de comunidades, ciudades y países. Ese prejuicio podría estar relacionado con un marco teórico que viene principalmente de la economía y como una actividad eje del modelo capitalista. Pero antes de plantear una nueva mirada al emprendimiento, proponemos entender su desarrollo hasta el momento.

El concepto de emprendimiento no es nuevo. Proviene del francés y se utiliza desde mediados del siglo XVIII. Las primeras referencias no están relacionadas a la actividad económica. Se utilizaba para referirse a marineros que se embarcaban en largas y arriesgadas travesías, incluyendo cruzar el Atlántico. Luego comenzó a utilizarse para referirse a las personas que movían recursos de un sector a otro en la economía, y que de alguna manera asumían riesgos, ya que su ingreso no estaba garantizado. Si consideramos a los demás agentes de la economía, el emprendedor es el único con esta condición, ya que el terrateniente tiene garantizada la renta por sus propiedades, el trabajador su salario y el capitalista cobra a través de las tasas de interés. Entonces ese fenómeno del manejo de riesgo es una de las primeras características de los emprendedores que debemos entender.

EMPRENDIMIENTO = EMPATÍA
EMPRENDIMIENTO = OPORTUNIDADES
EMPRENDIMIENTO ≠ NEGOCIOS

Durante los próximos 100 años, varios economistas adoptaron el concepto, pero fue quizá Joseph Schumpeter quien trabajó la dimensión del emprendedor como innovador a través del concepto de la *destrucción creativa*. Según Schumpeter, el emprendedor crea desequilibrio a través de la disrupción en las condiciones existentes. Sin embargo, la definición de emprendimiento que siempre me ha llamado la atención es la de Israel Kirzner, quien utiliza el concepto en inglés de *"alertness"*. Aunque podemos hablar de un estado de alerta constante, también podríamos utilizar la traducción de perspicacia. Con esta premisa, un emprendedor es aquella persona que está constantemente observando lo que ocurre a su alrededor e identifica oportunidades que mejoren la calidad de vida de su entorno.

"El emprendimiento parte de la observación".

Más adelante regresaremos a este tema para tratar de entender el perfil del emprendedor. Lo importante por ahora es que se trata de un tema que lleva algunos siglos de análisis y discusión. Sin embargo, es importante destacar que, a pesar del predominio de la economía en la discusión, ninguna disciplina puede explicar el fenómeno del emprendimiento en su totalidad. A lo largo de la historia hemos visto contribuciones desde la economía, la psicología, la sociología y la antropología, entre otras disciplinas. Esto valida lo que estamos proponiendo. El emprendimiento es una actitud, un estilo de pensamiento que trasciende fácilmente la creación de empresas. Se trata de un recurso para la vida, para la solución de problemas, para la creación de nuevas posibilidades, para la transformación social, para el desarrollo profesional y humano, para la creatividad y para promover un mejoramiento en todas las dimensiones de la vida.

En muchas ocasiones se ha discutido sobre si el emprendedor nace o se hace. Sobre este debate corresponden dos analogías. El artista Pablo Picasso dijo una célebre frase: *"Todo niño nace artista, el desafío es que lo siga siendo cuando crece."* Lo mismo ocurre con el emprendimiento. Una de las características más importantes del emprendedor es la curiosidad. Esto es algo que todo niño o niña demuestra: la búsqueda, la exploración, el experimentar y el hacer. Sin embargo, el propio sistema educativo está fundamentado en la adquisición de conocimientos basados en teorías y que cada vez se vuelve un ejercicio de acumulación de información que va matando esa curiosidad.

"Todo niño nace artista, el desafío es que lo siga siendo cuando crece".

Pablo Picasso

"Se aprende a emprender".

Por otro lado, comparto los descubrimientos del profesor Patrick Walsh de la Universidad de Edimburgo. Siempre se había pensado que las aves construían nidos de forma intuitiva, regulada solamente por un mecanismo genético. Sin embargo, a través de su estudio con el *Ploceus velatus* (el tejedor enmascarado), descubrieron lo contrario. Las aves aprendían a hacer los nidos. Una de las principales observaciones era que a medida que mejoraban la destreza dejaban caer menos ramitas. Por lo tanto, adquirían la habilidad. Lo mismo ocurre con el emprendimiento. Ninguna persona puede argumentar que no es algo que se puede desarrollar con la práctica y reflexión, puesto que su base ya es parte de la naturaleza humana.

LA TRIADA DEL EMPRENDIMIENTO

Unas de las complejidades del emprendimiento es que tiene múltiples dimensiones y es casi imposible poner mayor énfasis en una sobre la otra. La mejor analogía que he encontrado es la Trinidad, por lo que propongo al emprendimiento como una triada, es decir, un solo fenómeno, manifestado desde tres instancias o hipótesis: mentalidad, metodología e impacto.

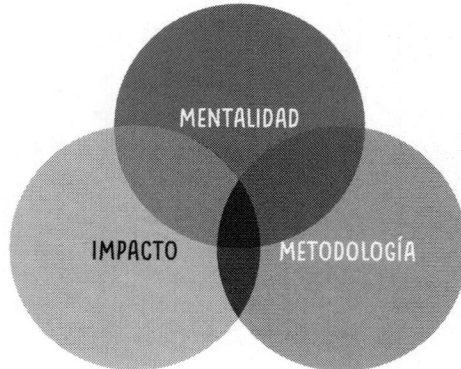

Es importante que entendamos el alcance de cada una de ellas, ya que nos permitirá crear esa cultura de pensamiento emprendedor que buscamos. El emprendimiento, antes que todo, es un estado mental o actitud. Se trata de iniciativa, de inconformidad, de sensibilidad ante el entorno y de un deseo vehemente de cambiar las condiciones actuales. Pero esa mentalidad se desarrolla a partir de su adopción como actitud o forma de pensamiento, lo que requiere del hábito y la costumbre, solamente producido por la práctica.

Por eso, el emprendimiento es también una metodología, un proceso estructurado que nos puede llevar de un problema a una solución sustentable. Y como metodología, se puede aplicar a cualquier contexto económico (empresarial), político (política pública), científico (descubrimientos), social (iniciativas o proyectos), cultural (arte y creatividad) y/o ambiental (soluciones).

La segunda parte de este escrito buscará proponer una metodología sencilla del emprendimiento como proceso, que podríamos organizar en cuatro grandes ejes: ideación, validación, desarrollo y ejecución.

Siguiendo esta metodología o proceso, el emprendimiento no se materializa hasta que se lleva a cabo y genera un impacto. Este es precisamente el último elemento de la triada. El círculo no se cierra hasta que esas metodologías o actitud se traducen en un resultado concreto. Y siempre que pienso en el emprendimiento como acción, mi mente me lleva directamente a la página 27 del *Libro de Manuel* de Julio Cortázar, donde el autor afirma con gran certeza:

"Porque un puente,
aunque se tenga el deseo de tenderlo
y toda obra sea un puente hacia y desde algo,
no es verdaderamente puente
mientras los hombres no lo crucen.
Un puente es un hombre cruzando un puente".

Julio Cortázar

20

En fin, mientras no se genera la acción, y por consiguiente, su impacto, el ciclo no se habrá cerrado. Hasta ahora hemos visto la triada en una dirección: una mentalidad que se adopta mediante el uso de metodologías que culminan en acciones. Pero igual tendremos resultados lógicos en cualquier otra dirección: el impacto como resultado de una mentalidad que facilita metodologías o viceversa. Por eso la naturaleza de la triada, por su interacción multidimensional, porque no podemos encontrar un principio y un fin, ni un elemento rector. Son una y todas al mismo tiempo, como la Santísima Trinidad. Ahora sí, mientras no se genere impacto, la triada no se habrá completado.

En las próximas páginas, compartiremos una ruta o metodología para el emprendimiento, facilitando el proceso de entenderlo, acogerlo, practicarlo e integrarlo a nuestra forma de pensamiento. Aunque en la vida real se trate de un proceso no lineal, desorganizado y hasta caótico, lo más conveniente es provocar un mejor balance entre el arte y la ciencia del emprendimiento. Yo propondré la ruta, el proceso creativo que implica se encargará de ese balance. Para iniciar la ruta, debemos preguntarnos porqué emprender, considerando que todo acto emprendedor busca solucionar un problema existente o crear nuevas experiencias o soluciones.

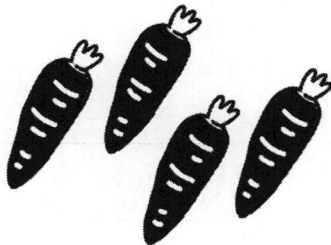

¿POR QUÉ?

Necesitamos entender la importancia del emprendimiento en este momento histórico. Se trata de un campo que ha evolucionado grandemente y que nos obliga a tener un contexto adecuado para no cometer los errores del pasado. El caso de Puerto Rico podría ser único, pero en las últimas décadas el mundo entero ha experimentado grandes transformaciones en su estructura económica y social a partir de la apertura de nuevos mercadeos y la revolución digital. El desarrollo exponencial de países como China, Brasil, India y Rusia, los tratados de libre comercio que facilitaron la forma de hacer negocios en las empresas y la revolución tecnológica, desplazaron muchas actividades económicas cuya desaparición no ha sido reemplazada en los países de origen. De igual forma, esta nueva dimensión de la producción mundial ha provocado grandes daños ambientales, continúa acentuando la desigualdad, la pobreza, la intolerancia ante la diversidad y otros problemas de alcance global.

El último año ha sido la tormenta perfecta a nivel mundial. Hemos sido testigos de una proliferación de desastres naturales, la pandemia del COVID19 ha provocado cambios dramáticos en nuestro estilo de vida y en muchos países la gente ha salido a la calle a reclamar el fin del racismo, la corrupción y la incapacidad de los gobiernos para atender las necesidades de los y las ciudadanas.

Para entender todas estas dinámicas, es preciso mirar los Objetivos de Desarrollo Sostenible (ODS) de las Naciones Unidas. Este esfuerzo, canaliza en 17 objetivos y 169 metas los grandes retos que la humanidad debe atender hacia el 2030. Detrás de todo emprendedor o emprendedora debería haber un interés en adelantar algunos de esos objetivos. Uno de los principales retos para adelantar el desarrollo sostenible está en que precisamente han sido provocados por patrones económicos, políticos y culturales. Por lo tanto, en alguna medida requieren una ruptura en la forma en que operamos para empezar a construir un nuevo camino hacia la sustentabilidad.

EL EMPRENDIMIENTO DE ALGUNA FORMA REPRESENTA UNA HERRAMIENTA PODEROSA PARA EL CAMBIO SOCIAL PROFUNDO Y RADICAL QUE REQUIEREN NUESTRAS COMUNIDADES.

ODS | OBJETIVOS DE DESARROLLO SOSTENIBLE

17 OBJETIVOS PARA TRANSFORMAR NUESTRO MUNDO

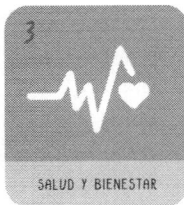

1 FIN DE LA POBREZA

2 HAMBRE CERO

3 SALUD Y BIENESTAR

4 EDUCACIÓN DE CALIDAD

5 IGUALDAD DE GÉNERO

6 AGUA LIMPIA Y SANEAMIENTO

7 ENERGÍA ASEQUIBLE Y NO CONTAMINANTE

8 TRABAJO DECENTE Y CRECIMIENTO ECONÓMICO

9 INDUSTRIA, INNOVACIÓN E INFRAESTRUCTURA

10 REDUCCIÓN DE LAS DESIGUALDADES

11 CIUDADES Y COMUNIDADES SOSTENIBLES

12 PRODUCCIÓN Y CONSUMO RESPONSABLE

13 ACCIÓN POR EL CLIMA

14	15	16	17
VIDA SUBMARINA	VIDA DE ECOSISTEMAS TERRESTRES	PAZ, JUSTICIA E INSTITUCIONES SÓLIDAS	ALIANZAS PARA LOGRAR LOS OBJETIVOS

"Se emprende desde una misión".

Regresando a Puerto Rico, nuestra historia reciente demuestra modelos de desarrollo fundamentados en la importación de recursos, inversión y talento, que en su momento funcionaron a corto plazo, pero nunca fueron sustentables. Aunque es correcto pensar que estas estrategias tienen un impacto positivo al atraer nuevos recursos y capital, su sustentabilidad depende de que todas esas importaciones se entrelacen con el talento local, que se logre una transferencia de conocimiento, se genere capital local y que cada vez dependamos menos de los recursos externos. Entonces, el País necesita una apuesta contundente a su talento local. No hay otro camino que no sea una cultura de autogestión y de solucionar nuestros problemas con nuestros recursos y desde nuestra realidad. Ahí radica el mayor poder del emprendimiento.

"Se emprende para transformar".

De igual forma, existe un imperativo de no continuar delegando la solución de nuestros problemas a aquellos que en gran medida los siguen provocando. Hemos crecido en medio de una clase política inexperta, guiada por intereses muy distantes de objetivos claros de política pública y no orientados hacia el bienestar común. Sin embargo, todos los grandes asuntos del País han quedado casi por completo bajo el campo de acción del gobierno, incluyendo la economía, la educación, la salud, el bienestar social, la cultura y el medio ambiente, entre otros. Un nuevo giro hacia el emprendimiento nos ubica en la posición de romper con esta dependencia, provocando que pequeños experimentos en el plano local se traduzcan en innovaciones para el sector público, puesto que ni la autogestión ni el mercado pueden sustituir la democracia y equidad que debe garantizar el ente público. Entonces, el emprendimiento puede también representar esa pequeña grieta que termine quebrando la pared robusta que ha creado una clase política irresponsable.

Y finalmente, tenemos que pensar en el emprendimiento como un acto de libertad. Si pensamos en la libertad plena del individuo y su calidad de vida como la finalidad del desarrollo, entonces el emprendimiento es una herramienta clave para alcanzarlo. Es interesante notar cómo el emprendimiento está presente en casi todas las dimensiones de la vida y búsqueda del ser humano. Podemos encontrarla de manera natural en las artes, en las ciencias, en la educación, en la acción social o en las humanidades. Uno de mis más recientes encuentros con el emprendimiento desde perspectivas muy poco analizadas ha sido su relación con los valores cristianos y la doctrina social de la iglesia, que fácilmente validan y refuerzan la visión de emprendimiento que estamos proponiendo. Principios como la dignidad humana, el bien común, la solidaridad y la participación social, son elementos compartidos con la cultura de emprendimiento como mentalidad y actitud.

"Te diré lo que es para mí la libertad :
no tener miedo".

Nina Simone

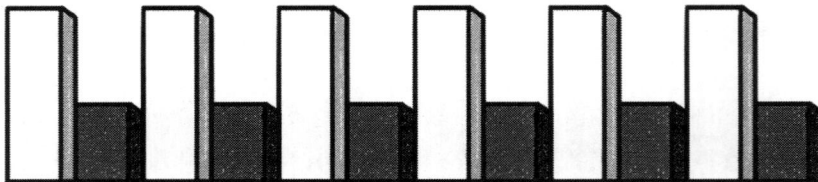

"El emprendimiento es un acto de libertad".

Esta primera reflexión podría llevar a una interrogante sobre el emprendimiento como un ejercicio individualista. La transformación social y económica ocurrirá cuando los individuos asuman ese cambio de mentalidad y lo pongan en función del bien común. Con esto sugiero que será la combinación de ambas la que produce el perfil que promovemos. Aun en los casos en que la iniciativa provenga de un emprendedor o emprendedora, su desarrollo, gestión y beneficio pueden darse a través de múltiples modelos colectivos. Es por eso que la colaboración es otro elemento clave del emprendimiento.

LAS PASIONES COMO INGREDIENTE PRINCIPAL

Necesitamos transformar nuestros retos en oportunidades a través de soluciones sustentables. Sin embargo, más importante es que esas oportunidades se desarrollen a partir de nuestras pasiones, intereses y habilidades. Si logramos convertir esas pasiones en nuestra herramienta principal de cambio, tendremos grandes posibilidades de crear un mejor país. Sobre todas las cosas, es vital que cada uno de nosotros encuentre ese espacio desde el cual desea transformar la sociedad.

SI ENCONTRAMOS PROPÓSITO EN NUESTRAS
PASIONES Y TALENTOS, NUESTRA
CONTRIBUCIÓN AL CAMBIO SERÁ MÁS RÁPIDO,
DE MAYOR IMPACTO Y DE MAYOR
CONSISTENCIA.

Pensando en el tema de las pasiones, me di a la tarea de pensar en un modelo con cuatro niveles que debe ser parte de la formación académica y de etapas futuras.

TRANSFORMAR

CONECTAR

EMPRENDER

EXCELENCIA

El primer reto está en la **excelencia**. Independientemente de la pasión, disciplina o campo profesional, debemos asegurarnos de desarrollar los conocimientos, técnicas, metodologías, prácticas y habilidades que requiere ese campo. Es algo así como la noción de *ser el/la mejor en lo que sea que hagamos*. Luego sugiero **emprender** a partir de esa pasión. Es una lógica sencilla. Si es algo que nos apasiona, queremos hacerlo parte de nuestra vida cotidiana. Para ello, muchas veces necesitamos autonomía e independencia económica.

Emprender en este caso supone convertir esa pasión en una práctica profesional que nos permita aprender y mantenernos en ese escenario. Esto se puede lograr a través de empresas, de proyectos, iniciativas o acciones.

"Tus pasiones son una brújula".

En tercer lugar, propongo **conectar** a partir de esa pasión. Debemos salir de los silos de las disciplinas y empezar a explorar cómo conectamos y generamos innovación a partir de lo que hacemos. Busquemos esas conexiones e intersecciones que rompen con lo establecido o aspectos que parecerían no tener sentido en el contexto actual. Unamos el teatro con la salud, la tecnología con la filosofía, la biología con las ciencias políticas y la economía con la naturaleza. Esto requiere asumir riesgos, experimentar y asumir el error como parte del proceso de aprendizaje. Finalmente, ese cuarto nivel supone **transformar** desde las pasiones. Lo que hacemos, ¿cómo cambia las condiciones de vida de nuestra comunidad? Al final del día, necesitamos cambio social, económico, político, cultural y ambiental.

> Todo lo que hacemos debe estar alineado con resolver los grandes problemas que enfrenta la humanidad. Sólo de esta manera, cerramos el círculo de construir sustentabilidad desde esas pasiones.

34

LA RUTA EMPRENDEDORA

El resto de este escrito propone entender el emprendimiento como una ruta a través de seis preguntas. Esta podría ser la forma más sencilla de entender el emprendimiento como un proceso y adoptarlo en distintos aspectos de nuestras vidas hasta que se convierta en una práctica habitual. No siempre el proceso es lineal y muchas veces el ejercicio podría estar limitado a una sola etapa. Comenzaría precisamente con el *porqué*, pregunta que responde a las motivaciones detrás de esta actitud. Luego propondría entender *quién* es el emprendedor y así poder alinearnos con ese perfil. Eso nos daría un poco de contexto antes de preguntarnos en *dónde* emprender. ¿Queremos utilizar el proceso para una situación personal, un proyecto en la comunidad, atender un problema social o crear una empresa? Cuando tenemos claro la situación que queremos cambiar podemos hacernos la pregunta de *qué*, o sea, cuál es la idea o solución que proponemos. Pero para lograr que esa solución cuente con los recursos necesarios y logre el impacto esperado, en un escenario de continuidad, debemos atender el *cómo*, que tiene mucho que ver con sostenibilidad económica. Y finalmente, cerramos el proceso con el *cuándo*, que no es otra cosa que llevarlo a la acción o realidad, considerando que hasta que no lo ejecutemos será solamente una idea.

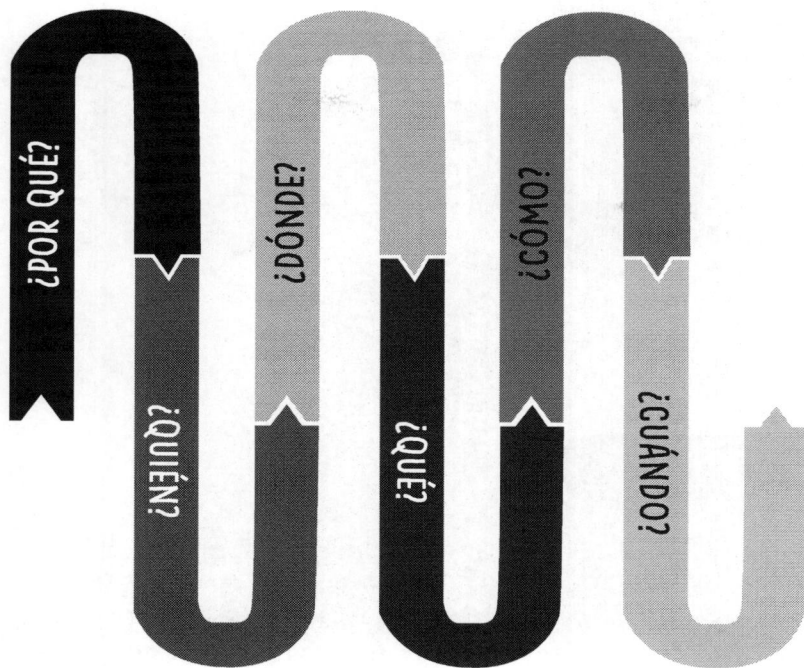

¿POR QUÉ?

¿DÓNDE?

¿CÓMO?

¿QUIÉN?

¿QUÉ?

¿CUÁNDO?

Si ese fuera todo el tiempo que tuviese disponible para conversar sobre emprendimiento sugeriría adoptar estas preguntas como un proceso, ya que cada una de ellas nos llevará a otras muchas más específicas dentro de cada etapa de la ruta emprendedora.

¿QUIÉN?

Existen múltiples teorías y disciplinas que buscan entender la figura del emprendedor en la economía y la sociedad. Sin embargo, aun a pesar de las múltiples miradas, no ha podido ser explicado en su totalidad. Esto es así porque existen factores humanos, sociales, culturales y económicos que determinan el emprendimiento. Algunas personas están motivadas por el rendimiento económico, otros por temas personales de autonomía y orientación al logro y otros para transformar condiciones sociales. Si fuéramos a definir a un emprendedor, yo partiría de al menos cinco características.

CARACTERÍSTICAS DE UN EMPRENDEDOR

Creatividad – El emprendedor es una figura que busca soluciones creativas a su entorno. El pensamiento creativo requiere buscar nuevas miradas, salir de la costumbre, dejar de mirar en piloto automático para observar el detalle. También se trata de buscar nuevas conexiones donde parecerían imposibles. Alguien podría pensar que la creatividad no se desarrolla, que con eso se nace. Es totalmente falso. La creatividad es algo que se puede desarrollar. Lamentablemente, la sociedad nos orienta a ser cada vez mas iguales, a pensar igual, a utilizar las mismas metodologías y soluciones. Por eso aquellos que logran salir de esa homogeneización suelen ser buenos emprendedores.

Tolerancia al riesgo – Hay una característica muy importante en los emprendedores y es que no se sienten incómodos en situaciones de riesgo. Esa tolerancia a la incertidumbre es importante para el emprendimiento. No se trata de asumir riesgos desmedidos, si no de entender su importancia y tomar riesgos calculados.

Colaboración – El emprendimiento nunca es un acto individual. Puede que inicie desde las motivaciones de una persona, pero llevarlo a la realidad requiere de mucho apoyo. Por lo tanto, los emprendedores son a su vez líderes que identifican sus debilidades y buscan a su alrededor cómo compensarlas con otros recursos. Los emprendedores mantienen unas redes de colaboración grandes y diversas, algo que requiere consistencia, ética y manejo de tiempo.

Perseverancia – Más allá de asumir riesgos, el emprendedor está consciente de que su éxito depende de la experimentación, y esto requiere una cultura de prueba y error. La innovación muchas veces conlleva largos periodos de tiempo para ser adoptada por las audiencias o consumidores, por lo que es necesario ser perseverantes en el proceso. De igual forma, el emprendimiento requiere entender el error como parte del proceso y no como algo negativo. Como bien se dice sobre el emprendimiento: *"si hay aprendizaje, no es fracaso"*.

Ética – El emprendedor es una figura clave en la sociedad porque busca soluciones a los retos de su entorno. Esas soluciones deben estar fundamentadas en el bien común, considerando siempre que el beneficio que crea no provoque problemas mayores en otros recursos, personas o sectores. El pensamiento ético, la consciencia sobre la complejidad del desarrollo y de las personas, la responsabilidad social y la búsqueda de la equidad deben siempre guiar al emprendedor.

El emprendedor es una figura muy compleja porque en muchas ocasiones busca generar disrupción a través de su iniciativa. De alguna forma, está consciente del orden establecido y emprende para romper ese orden con algo nuevo o diferente. Aunque se ha planteado que el lucro es importante, puesto que su trabajo consiste en transformar recursos y añadirles valor, algo que debería generarle algún rendimiento, la investigación demuestra que también lo mueven otros aspectos como el reconocimiento, la autonomía y la capacidad de creación.

El aspecto emocional también resulta una fortaleza o amenaza del emprendedor. En muchas ocasiones el emprendimiento surge por necesidad, casi siempre ante una situación inesperada que cambia las condiciones y nos obliga a generar nuevos proyectos. Esa capacidad de responder a situaciones de incertidumbre es una virtud, sin embargo, el desbalance emocional puede afectar grandemente al emprendimiento. La falta de estabilidad, las largas horas de ideación y ejecución tiene un gran impacto en nosotros y en nuestro entorno familiar y de comunidad. Un arma de doble filo para los emprendedores es que precisamente desarrollan iniciativas a partir de sus pasiones, por lo tanto, no siempre lo ven como un trabajo. Esto puede llevar a un desbalance en el tiempo que dedican a otros aspectos de su vida personal. Si la finalidad de cualquier emprendimiento es mejorar la calidad de vida de quienes nos rodean, debemos evitar que la familia se afecte con este proceso. Es importante encontrar balance, comunicación y honestidad. Finalmente, el ocio es un aspecto clave de la creatividad. El cerebro necesita espacios de descanso para la regeneración de neuronas. Debemos asegurar esos espacios para adelantar el proceso creativo.

A MANERA DE RESUMEN,
EL EMPRENDEDOR NO ES UNA FIGURA
MUY DISTINTA A LO QUE OBSERVAMOS
EN NUESTRO HIJOS E HIJAS EN SU
INTERACCIÓN CON EL JUEGO. ES UN
EJERCICIO CONSTANTE DE CREACIÓN,
EXPERIMENTO, MUCHA DEDICACIÓN,
TIEMPO Y DIVERSIÓN.

Identificar oportunidades

La oportunidad es el eje del emprendimiento. Se trata de identificar un problema sin resolver, una necesidad que no está siendo cubierta o una anticipación de lo que podría ocurrir en el futuro. Un emprendedor está constantemente buscando identificar estas oportunidades. Por eso destacamos la definición que propone Israel Kirzner sobre el emprendedor a partir de su mirada aguda o perspicacia.

El emprendedor es de por sí una persona observadora, sensible y empática. En muchas ocasiones vamos por la vida a partir de la costumbre, como si estuviéramos en piloto automático. Las injusticias se vuelven cotidianas y nos acostumbramos a vivir con problemas sin revolver. Cuando entré a la Universidad de Puerto Rico en el año 1996, una de mis primeras lecturas en la clase de ciencias sociales con la Dra. Margarita Mergal fue *No es natural* del autor Josep Vincent Marqués. El primer capítulo llevaba el título de *Casi todo podría ser de otra manera*. Aquella lectura inmediatamente cambió mi forma de pensar sobre muchas cosas. Me convencí de que no había porqué aceptar las cosas como son, que nada ocurre por naturaleza y que nuestras decisiones intervienen y cambian esas condiciones. Entonces, debemos estar más conscientes del entorno. Renunciemos al piloto automático para estar en un estado de alerta constante. Y ahí, precisamente, comienza la ruta del emprendimiento.

¿Cómo podemos identificar oportunidades de emprendimiento? En todas partes. Cada persona debe hacer un diagnóstico de sus intereses, pasiones, causas, luchas, preocupaciones, propósito, experiencia, preparación, etc.

El primer lugar puede ser la experiencia personal. Todos los días enfrentamos muchas situaciones que podrían ser distintas. Durante las próximas 24 horas, haz ese ejercicio de estar más consciente de todo lo que ocurre en tu entorno.

Cuando uno viene del campo empresarial es común hablar del análisis de mercados. Esto es lo que hacen las marcas constantemente, no sólo para desarrollar un producto nuevo, sino también para mejorar productos existentes y la experiencia del cliente. Pero también podríamos hablar de empatía, que no es otra cosa que tener la capacidad de ponerse en los zapatos del otro para entender sus necesidades y problemas. Esto no es único de las empresas, sino también de las comunidades, entidades sin fines de lucro, del gobierno y de los movimientos sociales. Hace un tiempo, el Prof. Bartolomé Gamundi, uno de nuestros gurús del emprendimiento, utilizó la palabra **sensibilidad**, y desde entonces he optado por ella. Si somos sensibles al entorno y lo entendemos, estaremos en mejor posición de cambiar sus condiciones.

Resulta interesante que los conceptos de sensibilidad o empatía no están exentos de un ejercicio metodológico de investigación y experimentación. Otra palabra clave para el desarrollo e identificación de oportunidades de emprendimiento es la observación. La observación constante nos permitirá identificar patrones. Cuando un problema o tendencia se repite consistentemente, es una señal de una oportunidad para resolverlo.

Es cierto que en ocasiones las oportunidades pueden surgir por un momento de eureka, sin embargo, es más conveniente ser proactivos en el proceso de buscar esos patrones que podrían traducirse en oportunidades. Es importante no adelantarnos en el proceso. En muchas ocasiones queremos identificar el problema, anticipar la solución y estructurarla como emprendimiento. Juntar estos pasos podría afectar el proceso. En esta etapa, pongamos énfasis en la observación como antesala a las oportunidades de emprendimiento. La generación de ideas y su validación, es precisamente el próximo paso, que responde a la pregunta de ¿qué?

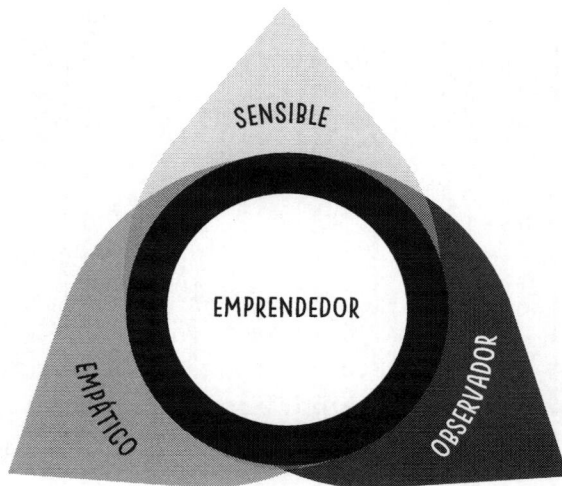

SENSIBLE

EMPRENDEDOR

EMPÁTICO

OBSERVADOR

El ecosistema

Siempre menciono que muchos emprendimientos exitosos tienen en común que su emprendedor tiene una larga trayectoria, experiencia o conocimiento en esa disciplina, actividad, sector o industria. Entonces, si estamos interesados en emprender una empresa, proyecto u organización en un área, debemos buscar la forma de entender su entorno y funcionamiento.

Un ejercicio es pensar en el ecosistema de esa actividad económica o social. La gran mayoría parte de unas instituciones a cargo de la formación de profesionales en ese sector, insumos necesarios para el producto final, su desarrollo, la forma en que llega a su usuario o audiencia y el consumo o participación final.

Si por ejemplo estamos interesados en el sector de la educación, podemos identificar las universidades que ofrecen programas de formación de maestros, compañías que proveen materiales o recursos educativos, las escuelas, los currículos, los programas que ofrecen experiencias co-curriculares, plataformas tecnológicas de apoyo a la educación y por supuesto, los estudiantes, padres y maestros. Este ejercicio nos permite dibujar un mapa del sector que facilitaría analizar fortalezas y debilidades de cada etapa, y a partir de ahí, oportunidades de emprendimiento cuando identificamos una brecha que podría resolverse de manera distinta a lo que ocurre en la actualidad.

Siguiendo esta metodología, un científico podría identificar un nuevo tema de investigación, un artista un nuevo proyecto creativo, un trabajador social una nueva intervención en la comunidad, un político un proyecto de política pública y un empresario un nuevo negocio. Dentro del emprendimiento las oportunidades son infinitas según el área de interés.

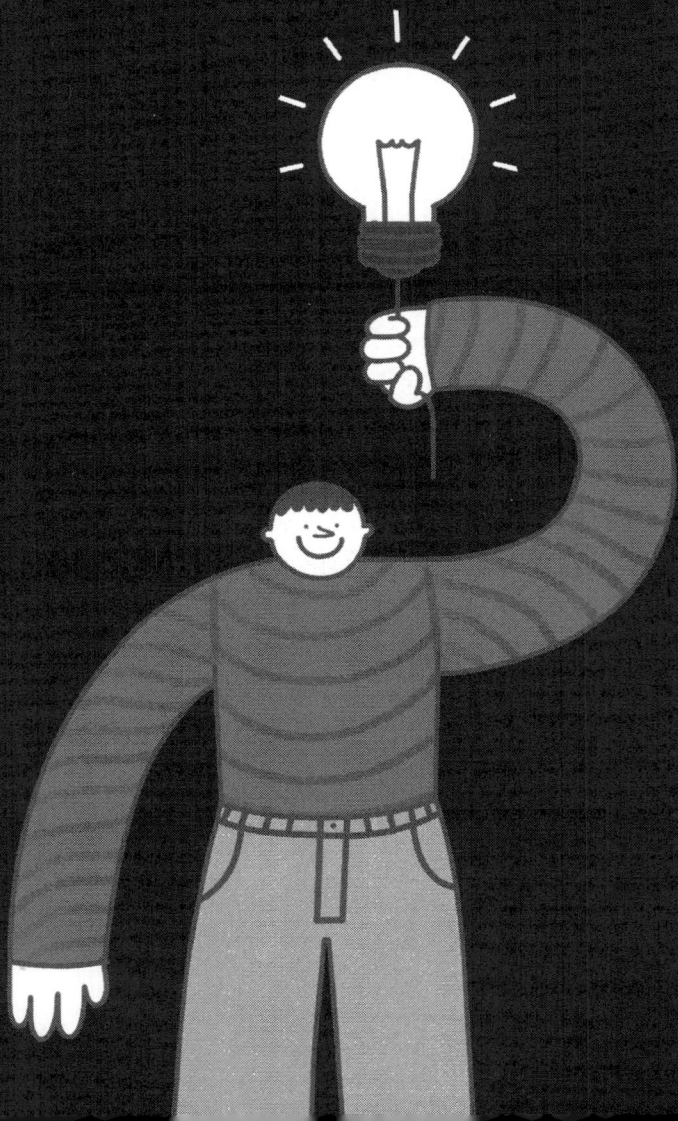

La generación de ideas

Identificar una oportunidad de emprendimiento nos lleva a la etapa mas creativa de la ruta: la ideación. Esto requiere haber identificado un problema con potencial para el desarrollo de una solución nueva o distinta. Ponemos énfasis en la innovación porque una premisa importante que debemos adoptar es que las personas están activamente tratando de solucionar todo problema que han identificado. En muchas ocasiones esas soluciones no tienen que ver con nuestro producto o servicio, pero aun así representa una solución para los usuarios finales. Por eso el ejercicio creativo tiene que ser en función del problema y no en el producto o servicio a desarrollarse.

IMAGINACIÓN + **CREATIVIDAD** + **INNOVACIÓN** = **DESARROLLO**

La creatividad e innovación son algunas de las palabras más utilizadas en tiempos recientes pero muy difíciles para llevarlas a la práctica. En el caso de la creatividad, se trata de un proceso muy poco estructurado. Según Kyna Leski, en su libro *The Storm of Creativity*, podemos hacer una analogía con el desarrollo de una tormenta. Al final, no sabemos claramente cómo se forman, se nutren de todo lo que está a su alrededor, no siempre tiene un centro claro y es muy difícil predecir su dirección.

PERO DEFINITIVAMENTE, LA CREATIVIDAD REQUIERE DESAPRENDER PARA DESCONECTARNOS DE TODAS LAS REGLAS, COSTUMBRES Y PATRONES QUE HEMOS APRENDIDO A LO LARGO DE LOS AÑOS.

Sobre la oportunidad que hemos identificado podemos desarrollar ejercicios de ideación individuales o colectivos. Siempre es bueno incorporar a otras personas con el fin de traer nuevas perspectivas al proceso. Hay algunas recomendaciones claves para que esto funcione. La primera de ellas es evitar a toda costa emitir juicio sobre las ideas. Queremos que sea un ejercicio libre y creativo, por lo tanto, no es el momento de viciar el proceso con temas de viabilidad. También debemos dejar afuera asuntos de derechos de autor. Nos podemos hacer un ejercicio creativo libre si desde el principio estamos preocupados sobre los derechos legales de lo que no se ha creado. Finalmente, y contrario a la costumbre, en este ejercicio es mas importante la cantidad sobre la calidad. Queremos generar la mayor cantidad de ideas posibles. Mientras más ideas, mas fácil será salirnos de la zona de comodidad y plantear soluciones realmente innovadoras.

Y ahora que hablamos de innovación, la mejor definición que he encontrado es la que utiliza Frans Johansson en su libro *The Medicci Effect:* intersecciones. La innovación consiste en el ejercicio de identificar conexiones donde normalmente pensaríamos que no las hay. Es importante establecer que casi siempre pensamos solamente en los productos o servicios. Sin embargo, también se explora la innovación en procesos, en aspectos organizacionales o en las estrategias de mercadeo.

"Innovación = intersecciones"

Una metodología que me ha sido muy útil en los últimos años es la propuesta de Luke Williams, director del *Innovation Lab* de la Universidad de Nueva York (NYU) en su libro *Disrupt*. Existe un tipo de innovación que llamamos incremental, ya que realiza cambios o modificaciones sobre lo existente. Sin embargo, la innovación disruptiva cuestiona las bases o cimientos de un producto o servicio. Por lo tanto, es mucho más arriesgada, pero a su vez con más oportunidades de ser exitosa en el largo plazo.

Para lograr esa innovación disruptiva, Williams propone identificar los *clichés* de cada una de las disciplinas o actividades donde buscamos emprender. Los clichés representan esas premisas claves de cualquier actividad que por lo general no se perciben, cuestionan o cambian. Por ejemplo, algunos clichés podrían hacernos pensar que la educación siempre necesita maestros, que en los restaurantes tiene que haber un menú, que las decisiones de política pública las toma el gobierno y que la principal razón del turismo es el descanso. El ejercicio podría consistir en identificar al menos tres clichés en nuestra actividad de interés. A partir de ahí, el autor sugiere eliminarlos, exagerarlos o invertirlos.

COMO HEMOS DEMOSTRADO,
LA CLAVE DE LA INNOVACIÓN ESTÁ EN
ROMPER ESQUEMAS ESTABLECIDOS,
AUNQUE EN UN PRINCIPIO PAREZCA
ABSURDO O IRREAL.

Ese ejercicio se puede combinar con la metodología de SCAMPER (por sus siglas en inglés). Cada una de las letras representa una acción creativa que se puede explorar con los clichés. Esto incluye sustituir, combinar, adaptar, modificar, cambiar el propósito, eliminar y/o reorganizar.

VALIDACIÓN DE LA IDEA

Mencionamos que el proceso creativo no debe ser filtrado por el análisis de viabilidad. Eso lo haremos en la siguiente etapa. No todas las ideas se convertirán en emprendimientos. En realidad, la gran mayoría serán descartadas por diversas razones. Por eso proponemos **la validación de ideas** como la siguiente etapa. Podríamos pensar en tres componentes de la validación de esa idea: producto final, impacto en usuarios y viabilidad económica.

PRODUCTO FINAL → IMPACTO EN USUARIOS → VIABILIDAD ECONÓMICA

Un primer paso es un ejercicio de autovalidación. En muchas ocasiones las ideas de emprendimiento surgen por situaciones inmediatas, impulso o como respuesta a un cambio en el entorno. En cualquier caso, debemos estar seguros de que esta idea adelanta nuestros planes de vida, misión, inquietudes y que va alineada con nuestros talentos y pasiones.

Esa validación requiere una reflexión muy personal, pero también un ejercicio preliminar de investigación para identificar iniciativas similares a nivel local e internacional y analizar los resultados que han obtenido.

El componente del producto busca garantizar que lo que estamos proponiendo es viable en términos técnicos. Utilizaremos el concepto de producto para agrupar cualquier actividad de emprendimiento, ya sea una investigación, un proyecto social, artístico, empresarial, científico o educativo, entre muchos otros. ¿Se trata de un producto que se puede desarrollar en el tiempo establecido? ¿Existe la tecnología necesaria o podemos desarrollarla? ¿Es un producto que tenga alguna limitación legal o ambiental para realizarse? Debemos poder contestar todas estas preguntas y cuando sea necesario, identificar las personas con el conocimiento necesario para ayudarnos a responderlas.

El segundo componente supone confirmar si el producto final que proponemos resuelve el problema de un segmento de la población, si genera valor añadido para ellos, si los usuarios reconocen ese valor y en algunos casos, si existe alguna entidad o mercado dispuesto a financiar su desarrollo. Siempre es importante que todo emprendimiento tenga algún grado de orientación al usuario o beneficiario final, aún cuando esto no suponga alterar su desarrollo como ocurre en la creación artística. Muchos emprendimientos fracasan cuando no incorporan la experiencia del usuario en su proceso de desarrollo.

Finalmente, necesitamos garantizar la sostenibilidad económica del emprendimiento. Independientemente si pensamos en una empresa, una organización sin fines de lucro, un proyecto temporero, una política pública o una nueva metodología en alguna disciplina, necesitamos garantizar que su desarrollo logre el impacto que esperamos en el tiempo definido, y esto significa que su rendimiento sea mayor que los recursos invertidos. Para esto, debemos hacer un inventario de los costos, proyectar los ingresos y determinar la costo-efectividad de la inversión. Muchas veces los proyectos de emprendimiento generan otras formas de rendimiento que no son de naturaleza económica, como podría ser el impacto social, comunitario, político, cultural, ambiental o educativo.

Todas estas dinámicas tienen formas de medirse o explicarse, ya sea cualitativa o cuantitativamente. Sin embargo, esto no sustituye la necesidad de recursos económicos para que el proyecto pueda realizarse.

"Validar = preguntar"

Existe una metodología clave para atender este proceso: Preguntar. Muchas veces hemos escuchado del ejercicio de realizar un plan estratégico, plan de negocio o propuesta y esperar hasta tenerlo diseñado para identificar el financiamiento necesario y pasar a la ejecución. La planificación es un ejercicio clave del proceso, sin embargo, es necesario reconocer su naturaleza iterativa, de prueba y error, donde mientras más rápido probemos el producto más rápido podremos corregir y hacer los ajustes necesarios. Casi ningún emprendimiento llega a su audiencia o mercado final sin modificaciones.

Por lo tanto, lo primero que debemos hacer es salir a la calle a probar nuestra hipótesis. ¿Tiene sentido lo que estamos proponiendo? ¿Se trata de un problema real que al final mejora la vida de las personas?

Hay muchas maneras de preguntar. Existen encuestas, grupos focales y entrevistas. En muchas ocasiones se combinan elementos cuantitativos y cualitativos en el ejercicio de investigación. Es importante que el emprendedor identifique el instrumento que mejor le permite allegar la información que necesita para tomar decisiones.

Cuando logremos contestar esas preguntas debemos desarrollar un prototipo funcional del producto. Hace unos años decidí diseñar y ejecutar una metodología para promover distintos aspectos educativos a través de círculos de ejecución de instrumentos de percusión. Una vez terminé la propuesta y la metodología necesitaba hacer el experimento. En vez de esperar la primera contratación fui a la escuela de mi hijo y me ofrecí a dar el taller sin costo. Confirmé que algunos ejercicios no funcionaban para ciertas edades, que la duración del taller debía ser más corta y que podía incorporar elementos de matemáticas e historia que no había contemplado. Luego de esa experiencia corregí la propuesta y la presenté a distintas instituciones que apoyaron el proyecto. Por supuesto, la experimentación no fue únicamente la primera vez, se convirtió en un proceso de aprendizaje continuo que siempre se incorporaba a la próxima versión.

En algunas instancias se conoce a este proceso como el mínimo producto viable (MVP, por sus siglas en inglés). ¿Cuál es producto o experiencia más sencilla posible que puedo poner frente a un potencial usuario en el menor periodo de tiempo?

EL PROCESO DE VALIDACIÓN DE UNA IDEA DEBE TENER COMO REQUISITO PONER UNA PRUEBA EN LAS MANOS DEL CLIENTE O USUARIO LO MÁS TEMPRANO POSIBLE.

"El secreto de la validación está en aprender".

Para determinar si un producto, servicio o experiencia es viable tenemos que ser capaces de identificar una propuesta de valor real. Esto va más allá del producto final, se trata del beneficio que percibe el usuario. Un libro es un producto. Un nuevo aprendizaje sobre un tema o una historia entretenida es una propuesta de valor. Una plataforma como Wikipedia ofrece el mismo producto que una enciclopedia. La propuesta de valor de Wikipedia es que está desarrollada por los usuarios y se trata de una plataforma viva. Las universidades ofrecen grados académicos, sin embargo, su propuesta de valor es preparar a las personas para tener mayores y mejores oportunidades para su futuro y desarrollarse como ciudadanos éticos y creativos.

64

Muchas organizaciones o empresas se quedan en el proceso de definir su producto u oferta. Es necesario ir más allá y permitir que sean los usuarios finales quienes determinen si esas soluciones proveen beneficios reales o alivian dolores o preocupaciones en la experiencia de uso o consumo. En algunos casos como el arte, el cine y las humanidades, la creación no está condicionada por el usuario, puesto que se trata de reflexiones que parten del ser humano, aunque casi siempre terminan siendo del interés de un segmento.

"Creo que vivir sin riesgos es aburrido, mucho más en materia artística".

Silvio Rodríguez (2020)

¿CÓMO?

El modelo de sostenibilidad

Toda organización opera a través de una lógica que explica cómo pueden ser sostenibles en el tiempo. Por ejemplo, un medio de comunicación tradicional genera contenidos para un público y luego vende a empresas, a través de anuncios, el acceso a esos usuarios. Una empresa como Ebay funciona a partir de un modelo de subasta. Una organización sin fines de lucro puede ofrecer servicios educativos a niños y financia su operación a través de donativos de entidades públicas o privadas. Uber y Airbnb, conectan proveedores y usuarios y cobran una comisión por ello. Esa es la lógica detrás de una entidad. Esto es lo que conocemos como el modelo de negocio o de **sostenibilidad**, ya que literalmente explica cómo se sostiene. Un mismo producto, servicio o experiencia podría utilizar distintos modelos de negocio para crecer. Algunas empresas venden el producto, lo rentan, ofrecen servicios complementarios, usan membresías o utilizan modelos de *todo incluido*.

El concepto de modelo de sostenibilidad podría llevarnos a pensar que aplica únicamente a las empresas con fines de lucro. Sin embargo, es un concepto útil para múltiples contextos. Por ejemplo, el modelo de sostenibilidad del gobierno consiste en proveer servicios que no podrían ser gestionados individualmente (bienes públicos), como la seguridad, salud y educación, y lo financia a través de la redistribución de la riqueza que se genera utilizando distintas estructuras de impuestos.

"Si añade valor es sostenible".

Los modelos de negocio o sostenibilidad también son un elemento dinámico. Lo que funcionó en una época podría perder vigencia, sobre todo con el desarrollo tecnológico. Hace algunos años consumíamos películas a través de los clubes de alquiler de videos. Este modelo de negocio consistía en establecer tiendas en ubicaciones estratégicas de mucho tráfico. Con el desarrollo de plataformas por demanda, sustituimos esta práctica por suscripciones mensuales que nos dan acceso ilimitado a contenido audiovisual. Este es el nuevo modelo de negocio del consumo audiovisual.

La clave del modelo de negocio o sostenibilidad no tiene que estar necesariamente en las fuentes de ingreso, también podrían estar en la estructura de costos. Las tiendas de discos y librerías tenían un gran componente de costos fijos a través del alquiler de los espacios físicos. Sin embargo, la digitalización eliminó estos costos a través de plataformas como iTunes, Spotify o Amazon. ¿Elimina este desarrollo tecnológico los modelos tradicionales? No necesariamente. Muchas veces encontramos empresas que precisamente buscan regresar a una experiencia tradicional. Un ejemplo de esto es el regreso al vinilo como una experiencia análoga de disfrutar de la música. No siempre la respuesta está en la digitalización sino en innovar en la experiencia del usuario.

En otro momento presentamos el concepto de propuesta de valor. Otra forma de entender el modelo de sostenibilidad es pensar que se logra cuando existe un balance entre el mercado interesado en nuestro ofrecimiento y los recursos que necesitamos para llevarlo hasta sus manos.

EN TÉRMINOS GENERALES, LA SOSTENIBILIDAD EXPLICA CÓMO UNA ACTIVIDAD ECONÓMICA O SOCIAL GENERA LOS INGRESOS NECESARIOS PARA CONTINUAR EL SERVICIO Y CÓMO GASTA ESOS INGRESOS PARA ADELANTAR SU MISIÓN.

Para lograr ese diseño empresarial o de proyecto, debemos conocer bien a nuestros usuarios o clientes, determinar los mejores canales para llegar a ellos, los recursos o actividades que necesitamos para llevar a cabo el ofrecimiento y el componente financiero que sustenta todas estas actividades. Herramientas como el modelo canvas o el modelo lógico pueden ser muy útiles para plasmar esas ideas en un documento.

Pero la clave de la sostenibilidad de un emprendimiento siempre estará en la propuesta de valor que describimos en la sección anterior. O sea, en la solución innovadora y diferenciada que ofrecemos a nuestros clientes o usuarios. Y la respuesta a una propuesta de valor única está en un cliente dispuesto a pagar por esa solución. Para tener esto claro, no podemos confundir al usuario con el cliente. En ocasiones, quienes consumen el producto, servicio o experiencia no es la misma persona que paga. En ocasiones un científico genera una solución a través de investigaciones bajo el financiamiento de una universidad. Una entidad sin fines de lucro provee un servicio a una comunidad pero quien lo financia es una fundación. Nuestra propuesta de valor debe considerar a ambos, sobre todo cuando es un tercero quién paga por el producto o servicio. En ese caso, debemos generar valor añadido para ambos.

ES IMPORTANTE QUE ESA PROPUESTA DE VALOR TENGA UN MERCADO BIEN IDENTIFICADO.

Es natural pensar que nuestra solución puede impactar a un segmento grande de la población, y en algunos casos al mundo entero. Sin embargo, para ser más eficientes con los recursos limitados que tenemos, debemos enfocarnos en ese grupo de personas con características similares a quiénes podamos llegar con mayor facilidad. A veces podemos alcanzar a más de un segmento, o podemos ir poco a poco ampliando el alcance según nuestros recursos. Lo normal es pensar en variables demográficas o geográficas para diferenciar las poblaciones, pero también es importante identificar que cada vez existen más variables sociales, culturales y de comportamiento que nos ayudan a diferenciar segmentos de la población.

Es importante considerar estas variables al momento de definir ese segmento al que impactará nuestro emprendimiento. Siempre es importante que este segmento sea lo suficientemente grande como para proveer los ingresos necesarios para lograr nuestros objetivos y crecer. Mientras más variables utilicemos para describir a la población, mas pequeño será el segmento final.

"Conoce a tu audiencia".

La otra variable clave para la sostenibilidad de un emprendimiento consiste en entender claramente los recursos que necesitamos. Hablamos de recursos humanos, financieros, tecnológicos, de infraestructura o de redes de colaboración, entre otros. Debemos estar seguros de qué recursos necesitamos, no sólo para comenzar el emprendimiento sino para su operación diaria. Mayor claridad en los recursos permitirá una mejor estimación sobre si el mercado es suficiente para una operación sostenible a través del tiempo.

El modelo de sostenibilidad de un emprendimiento no es un ejercicio único. En muchas ocasiones nuestras ventajas competitivas están en condiciones externas que cambian constantemente. Por lo tanto, es importante que revisemos ese modelo para seguir adaptándolo a las realidades del mercado y la sociedad.

"Mucha gente pequeña,
en lugares pequeños,
haciendo cosas pequeñas,
puede cambiar el mundo".

Eduardo Galeano

La ejecución

Hasta el momento las primeras etapas de la ruta emprendedora están fundamentadas en un componente de diseño. Sin embargo, el gran reto de cualquier proyecto, empresa o iniciativa está en llevarlo a la realidad. Por lo tanto, cuestionarnos el cuándo añade un factor de tiempo que resulta clave para pasar de la idea a la acción. La ejecución conlleva una **estrategia**, un concepto que apunta a una serie de acciones predeterminadas hacia un fin. La estrategia requiere un norte claro del impacto que buscamos lograr, algo que podría traducirse en indicadores como ventas, personas beneficiadas, visibilidad de la iniciativa, recaudación de fondos, nuevos colaboradores o cambio en algún indicador económico, social, ambiental o cultural en un territorio.

Una buena estrategia se puede estructurar a partir de varios objetivos. Un buen objetivo debe contemplar ser específico, medible, alcanzable, relevante y con un tiempo definido. Si los proyectos son a largo plazo, podríamos definir objetivos en periodos de 6 a 12 meses según sea necesario. Los objetivos, a su vez, dependen de acciones para su ejecución. Cada acción debe tener un qué, cómo, quién, cuándo y cuánto.

Si logramos estructurar bien estos objetivos y acciones

tendremos indicadores claros que nos ayuden a definir si estamos adelantando en nuestro emprendimiento.

Es necesario entender que la mayoría del cambio se genera en **organizaciones** que surgen a partir de una estrategia. Estos equipos de trabajo pueden ser formales o informales, yendo desde una colaboración, un colectivo, una comunidad o un movimiento, hasta una alianza, cooperativa o corporación. El nivel de formalización que tenga un proyecto de emprendimiento dependerá de la estrategia. No todo emprendimiento debe apelar a una estructura formal, puesto que hay ideas con impactos efímeros y requieren organizarse a partir de proyectos, según sea la necesidad. En otros casos, las estructuras formales pueden ayudarnos a reducir los costos en la curva de aprendizaje, logrando reconocimiento y acceso a recursos que de forma individual serían muy difíciles de acceder. Las formas de organización tienen implicaciones legales, contributivas, sociales, emocionales y de toma de decisiones, aspectos que hay que considerar como parte del proceso estratégico.

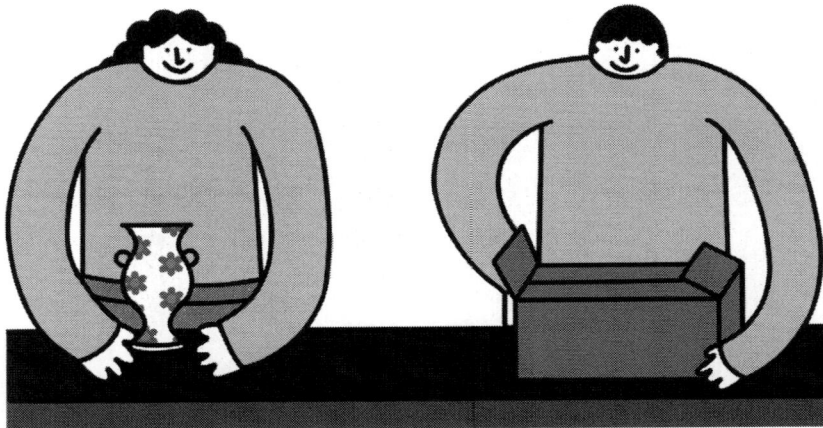

"Planifica y vencerás".

Las estrategias requieren gerencia. En términos generales, todo emprendimiento debe administrar su capital humano, su mercadeo y comunicación (interna y externa) y sus recursos financieros. Cada una de ellas es una disciplina muy especializada y en constante evolución.

Por ejemplo, el componente de desarrollo del talento humano es parte del diseño organizacional y requiere establecer claramente los recursos necesarios para alcanzar las metas y organizar las funciones que deben llevarse a cabo para lograrlas.

De igual forma, establece la jerarquía que mejor promueve la colaboración entre esos recursos, definiendo procesos y estructuras cuando sean necesarios. No menos importante, es que las personas reciban la compensación adecuada para mantener una cultura de justicia y equidad, siempre recordando que esa compensación incluye, pero no se limita, a lo monetario. Un emprendedor debe comenzar con un autodiagnóstico de sus fortalezas y debilidades para poder determinar cómo configurar un equipo de trabajo diverso y complementario. Es importante reconocer nuestras limitaciones e identificar personas con intereses comunes que puedan suplirlas en función del emprendimiento.

Llevar un proyecto de emprendimiento a la realidad requiere que su producto final llegue al usuario, audiencia o clientes. El mercadeo es esa disciplina que permite crear, comunicar y entregar valor a las personas. No sólo es responsable de desarrollar los productos, servicios, ideas o experiencias que busca el emprendedor, sino que vela por cada fase hasta llegar al usuario. Esto incluye los canales de distribución (físicos o digitales), la estructura de precios, según aplique, para garantizar la continuidad de la operación y toda la estrategia de comunicación para que los beneficiaros tengan la experiencia que esperan. Esto aplica a todo entorno organizacional pero varía en los insumos, agentes involucrados o resultados. En un gobierno el usuario puede ser un segmento de la población, el cliente los contribuyentes, el producto puede ser un programa educativo o de salud, el precio los distintos impuestos y la comunicación, todos los medios a través de los cuales se comparte la información. Sin embargo, en el caso de una organización sin fines de lucro, su producto puede ser un servicio social, su usuario una comunidad y su cliente alguna fundación.

Hay múltiples combinaciones dependiendo de la naturaleza del emprendimiento y del impacto que espera lograr ante un segmento de la población.

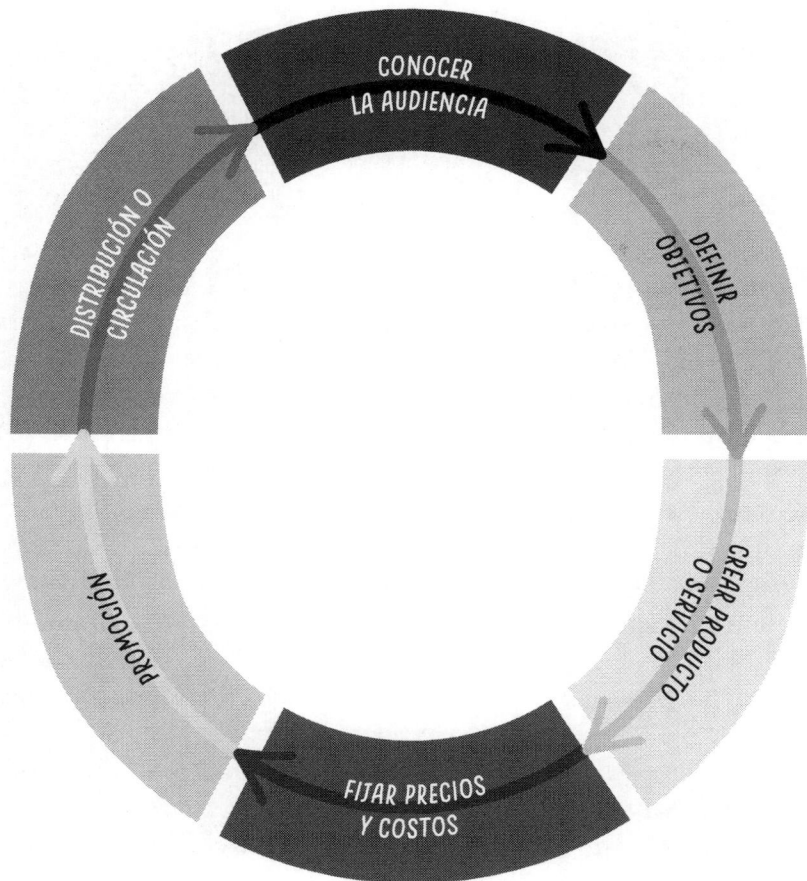

CONOCER LA AUDIENCIA

DEFINIR OBJETIVOS

CREAR PRODUCTO O SERVICIO

FIJAR PRECIOS Y COSTOS

PROMOCIÓN

DISTRIBUCIÓN O CIRCULACIÓN

Finalmente, todo emprendimiento requiere **recursos financieros** para llevarse a cabo. Es necesario que los emprendedores puedan determinar con claridad el total de recursos económicos que requieren para la implantación. Por eso la importancia de realizar presupuestos. Un presupuesto parte de la estrategia y los objetivos. Por esa razón, es necesario determinar el periodo de tiempo y el alcance del presupuesto. A partir de ese ejercicio se identifican todos los gastos operacionales, de diseño, de comunicación, recursos humanos, equipos, materiales, servicios profesionales, etc. Con un presupuesto de gastos, se puede determinar el ingreso que será necesario para cubrirlos, algo que se conoce como punto de empate o breakeven. Es importante que un presupuesto contemple escenarios conservadores para tener espacio si las cosas no salen como originalmente se proyectaron.

El presupuesto nos permite identificar la inversión inicial que requiere el emprendimiento.

Existen cuatro fuentes principales para allegar los recursos económicos que necesita un proyecto. La primera son fondos propios, por lo general la forma más común de comenzar. Es importante que identifiquemos cómo dar esos primeros pasos para validar nuestra idea y que podamos demostrar si merece apoyo externo. Esa inversión inicial incluye dinero, pero además el tiempo que invertimos en el emprendimiento. El segundo mecanismo son los donativos. Esto incluye premios, becas, auspicios, propuestas y cualquier otra forma que no requiera repago. En tiempos recientes, muchos emprendedores han recurrido al micro mecenazgo o crowdfunding en esta categoría. El tercer mecanismo es la emisión de deuda, que requiere repago y por lo general se estructura a partir de préstamos o líneas de crédito. Finalmente, podemos recurrir a fondos a través de la inversión, mucho más común en el entorno empresarial. En este mecanismo, quien aporta el capital recibe una participación directa en la empresa y una porción de las ganancias a cambio del riesgo que está asumiendo.

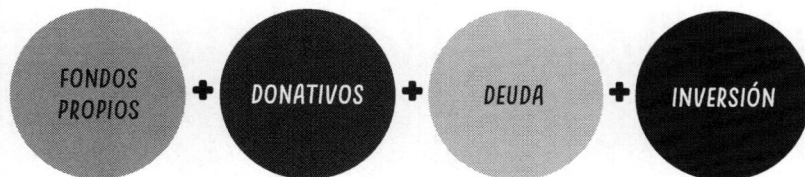

FONDOS PROPIOS + DONATIVOS + DEUDA + INVERSIÓN

Cada emprendimiento tiene características muy distintas y de eso van a depender las fuentes de financiamiento. Todas las formas de adquirir capital tienen sus ventajas y desventajas. En muchas ocasiones puede lograrse una combinación de varias, reconociendo el compromiso que se asume cuando se acepta un préstamo o una inversión.

Como hemos discutido, la acción es la clave de cualquier emprendimiento. Por lo tanto, destacamos tres aspectos adicionales que cierran ese ciclo: la propuesta, la gobernanza del emprendimiento y el primer "compromiso". Todo emprendimiento, ya sea empresarial, un proyecto comunitario o social, una investigación científica o un trabajo artístico requiere plasmar en algún documento la propuesta de proyecto o negocio. Existen múltiples herramientas que cubren esa necesidad, incluyendo un plan de proyecto, una propuesta de investigación, un modelo lógico, una propuesta de política pública, un modelo de negocio canvas, una propuesta de negocio o un plan de negocio. Casi todas esas herramientas incluyen al menos el perfil de la audiencia o beneficiario, la propuesta de valor, el impacto esperado, el equipo de trabajo o responsables, los recursos necesarios, el presupuesto y un plan de trabajo. Es importante conocer los formatos más utilizados en cada tipo de emprendimiento y exponerse a su redacción y evaluación por entes externos.

Todo proyecto de emprendimiento debe tener clara la estructura de gobernanza. Eso incluye, pero trasciende los aspectos legales de formalización. Es importante anticipar qué puede pasar si el proyecto tiene éxito y crece. Aunque en las etapas iniciales se reciben muchas colaboraciones, es importante contemplar cuáles de ellas requieren formalizarse a futuro mediante acuerdos o contratos. Sobre todo, en empresas con ánimo de lucro es común establecer una distribución de la participación en la empresa, algo que puede ser dinámico en el tiempo según la aportación que hace cada persona. La gobernanza no debe convertirse en una limitación para el emprendimiento, pero su ausencia puede tener un impacto negativo en el largo plazo.

Finalmente, debemos tener claro que un emprendimiento se materializa con un "compromiso o venta". Utilizamos este concepto de forma genérica para referirnos a ese primer momento en que un producto o servicio llega a manos de un cliente o usuario. Esa debe ser la meta principal de todo proceso. La primera venta puede ser una primera contratación, una propuesta aprobada, un piloto, una canción para un músico, un prototipo, una participación en un mercado pop-up, etc. Independientemente del producto o servicio, la verdadera ruta comienza con ese primer compromiso.

"Si no cometes errores, estás errando".

Miles Davis

EJERCICIOS
PARA CADA ETAPA

ANÁLISIS DEL ENTORNO
PARA IDENTIFICAR OPORTUNIDADES

1. Identifica y visualiza cada una de las etapas en la cadena de valor de la industria, actividad o ecosistema de interés. Esto permitirá entender el panorama sobre el cual se desarrollará el emprendimiento.

2. A partir del análisis del ecosistema, identifica los tres retos y oportunidades principales que tiene tu sector.

3. Crea un sistema de indicadores económicos, sociales, demográficos, tecnológicos y políticos, entre otros, que debas revisar constantemente por su relación con tu emprendimiento.

GENERACIÓN
DE IDEAS

1. Realiza ejercicios de generación de ideas con relación a un problema en un periodo de tiempo limitado. Tu meta consiste en generar la mayor cantidad de ideas aunque muchas parezcan irreales.

2. Identifica tu idea principal de emprendimiento y exponla a la metodología SCAMPER para generar versiones innovadoras del proyecto, producto o servicio.

VALIDACIÓN DE IDEAS

1. Entrevista a al menos 25 personas que tengan un perfil similar al segmento que esperas impactar con tu emprendimiento. Consulta si lo que propones resuelve su problema, si tiene los elementos que esperan y si están dispuestos a contribuir económicamente por la solución (compra, auspicio, donativo, inversión, etc.).

2. Diseña algún experimento que pueda contribuir a validar tu idea con $100. Luego haz el mismo ejercicio con $500 y luego con $5,000. Esto permitirá poner en marcha múltiples versiones dentro del ejercicio de validación.

MODELO
DE SOSTENIBILIDAD

1. Identifica al menos dos fuentes de ingreso para tu emprendimiento. Estas fuentes deben permitir que el impacto del proyecto se logre a largo plazo.

2. Identifica cuáles actividades representan la mayor proporción de los gastos y busca alternativas a estos sin que se altere la calidad del producto.

GERENCIA
DE PROYECTOS

1. Establece un calendario con la secuencia de actividades que te permitirán implantar tu idea de emprendimiento. Establece claramente el orden en que deben realizarse y adjudica el tiempo que requieren, los recursos humanos que necesitas y el costo total. También identifica los indicadores para determinar si has completado efectivamente cada etapa.

FINANZAS

1. Prepara un presupuesto de gastos para la implantación del proyecto. Es importante establecer qué recursos se utilizarán para gastos operacionales y cuánto se invertirá en la adquisición de activos (equipos, tecnología, mobiliario, etc.).

2. Establece unas proyecciones financieras para los próximos tres años. Para cada una de las partidas principales describe cuál fue el supuesto que utilizaste para llegar a ese número.

MERCADEO

1. Crea un plan de comunicación que contemple el lanzamiento público, inicio de operaciones y al menos 12 meses posteriores. Determina cuáles son los objetivos del plan y el conjunto de acciones para lograrlo. Incluye las etapas, medios, mensajes y presupuesto.

DISEÑO
ORGANIZACIONAL

1. Determina cuáles son los recursos humanos que necesitas para ejecutar el proyecto a partir de las tareas que necesitas completar. Establece cuál es la mejor jerarquía para que cada recurso pueda ejecutar sus funciones con la colaboración de los demás y asegurando que la información fluye en todos los niveles.

LA PROPUESTA

1. Prepara una propuesta de emprendimiento que incluya el problema que buscas resolver, el producto/servicio, el resultado esperado, la población que impactará, qué lo hace diferente, el equipo de trabajo y el modelo de sostenibilidad económica.

2. Prepara una presentación oral de la propuesta en formatos de 1, 3 y 5 minutos. Esto te ayudará a comunicarla efectivamente en múltiples contextos y para múltiples públicos.

ALGUNAS REFERENCIAS

Chavarría, M. (2019). *Actitud emprendedora: Pasión y tesón*. Bogotá: Alfaomega.

Glei, J. K. (2014). *Make Your Mark: The Creative's Guide to Building a Business with Impact*. Amazon Pub.

Herman, A. (2017). *Visual intelligence: Sharpen your perception, change your life*. Boston: Mariner Books/Houghton Mifflin Harcourt.

Hernández, J. (2016). *Emprendimiento creativo*. San Juan: La ContraEditorial

Johansson, F., & Amabile, T. (2017). *The Medici effect what elephants and epidemics can teach us about innovation: With a new preface and discussion guide*. Harvard Business Review Press: Boston.

Leski, K. (2015). *The Storm of Creativity*. Cambridge, MA: MIT Press.

Resnick, M. (2017). *Lifelong Kindergarten: Cultivating Creativity Through Projects, Passion, Peers, and Play*. Cambridge, MA: MIT Press.

Williams, L. (2016). *Disrupt: Think the unthinkable to spark transformation in your busines*s. Upper Saddle River: Pearson Education.

Wilson, E. O. (2017). *The Origins of Creativity*. New York, NY: Liveright Publishing.

Made in the USA
Middletown, DE
10 October 2021